Zarte Lotus-Blüten faszinieren durch ihre Eleganz und Vielseitigkeit und sind dabei auch noch ganz einfach herzustellen. Verschiedene Blütenmodule werden aus Papier ausgeschnitten und lassen sich abwechslungsreich miteinander kombinieren. Die hübschen Blüten können Sie dann zu Kränzen, Steckern, Kugeln arrangieren oder als Tisch- und Fensterschmuck verwenden. Bestimmt haben Sie selbst auch noch viele weitere kreative Ideen für passende Anwendungen.

Lassen Sie Ihrer Fantasie freien Lauf und experimentieren Sie mit den verschiedensten Papieren und dekorativem Zubehör, probieren Sie die unterschiedlichsten Kombinationsmöglichkeiten aus und lassen Sie sich von den zauberhaften Lotus-Blüten begeistern!

5 An das vierte Modul wird hier gegen den Uhrzeigersinn das fünfte Modul angeklebt.

6 In die Lücke zwischen dem zweiten und fünften Modul kleben Sie das sechste Modul. Die Halbkugel ist jetzt fertig.

7 Links oben das siebte Modul ankleben.

8 Die folgenden vier Module (also zunächst das achte Modul) gegen den Uhrzeigersinn ankleben.

9 Das neunte Modul ist angeklebt.

10 Es folgt das zehnte Modul.

11 Das elfte Modul ist angeklebt.

12 Mit dem zwölften Modul ist die Kugel fertig. Wenn die Kugel aufgehängt werden soll, einfach einen der Zacken durchbohren oder ein Aufhängeloch einstanzen und einen Aufhängefaden durchziehen.
Anschließend werden die ebenfalls fünfzackigen Blüten mit Klebstoff oder Klebekissen auf die fünfeckigen Flächen der Kugel geklebt.

Sommerlicher Blütengruß

fast wie frisch gepflückt

MOTIVDURCHMESSER
Blüten ca. 3–6 cm

Kranz ca. 20 cm

MATERIAL
* Faltpapier in Weiß, Mittel- und Dunkelblau und Hellgelb
* Styropor®-Flachring, ø ca. 20 cm
* selbstklebende Halbperlen, 9 x in Blau und 15 x in Creme, ø 4 mm
* 9 selbstklebende Halbperlen in Weiß, ø 8 mm
* 7 selbstklebende Strasssteine in Blau, ø 5 mm

MODULE
* Kranz aus 15 gelben, 9 weißen, 9 dreifarbigen und 7 Kornblumenblüten
* dreifarbige Blüte: 1 x Nr. 9 in Weiß, 1 x Nr. 18 in Mittelblau, 1 x Nr. 10 in Dunkelblau
* Kornblumenblüte: D in Hellgelb, 2 x G in Dunkelblau
* gelbe Blüte: 2 x D in Gelb
* weiße Blüte: 3 x Nr. 23 in Weiß

VORLAGE
Bogen 1A, 1B, 2A

1 Kleben Sie die Blütensterne jeweils versetzt aufeinander. Dann wird in der Blütenmitte die Halbperle oder der Strassstein angebracht.

2 Mit Klebekissen ordnen Sie dann die Blüten so auf dem Ring an, dass das Styropor® möglichst vollständig verdeckt wird.

Mein Tipp für Sie

Kranz kleben Möchten Sie, dass das Styropor® komplett verdeckt ist, können Sie den Ring mit Floristenband umwickeln oder mit Acrylfarbe bemalen.

Kugel in Fliedertönen

macht sich schön im Fenster

MOTIVDURCHMESSER
Blüte ca. 9,5 cm
Blütenkugel ca. 13 cm

MATERIAL
* Faltpapier in Lila und Flieder
* Kartonrest mit Leinenstruktur in Gelb
* Buntstift in Orange und Lila

MODULE
* Kugel aus 12 x Nr. 3 in Lila
* pro Blüte: 2 x Nr. 1 und 2 x Nr. 2 in Flieder

VORLAGE
Bogen 1A, 1B

1 Schneiden Sie zwölf lilafarbene Blütenmodule Nr. 3 aus und fügen Sie sie gemäß der Anleitung auf der hinteren Umschlagklappe und auf Seite 2 zu einer Kugel zusammen.

2 Aus fliederfarbenem Karton werden pro Blüte je zwei Blütensterne Nr. 1 und 2 benötigt. Deren Ränder konturieren Sie mit lila Buntstift. Dann kleben Sie jeweils die beiden gleich großen Blütensterne versetzt aufeinander.

3 Zeichnen Sie einen Kreis (ø 2 cm, auf Vorlagenbogen 1A) auf die glatte Rückseite des Kartons und schneiden Sie ihn aus. Drehen Sie die Kartonscheibe um, ziehen Sie die Ränder mit dem orangefarbenen Stift nach, dann schraffieren Sie die Innenfläche leicht, sodass die Struktur deutlich wird. Anschließend kleben Sie die beiden Blütensterne aufeinander und fixieren in deren Mitte mit einem Klebekissen oder mit Klebstoff die Kreisscheibe. Auf die gleiche Art arbeiten Sie insgesamt zwölf Blüten.

4 Zum Schluss kleben Sie diese zwölf Blüten auf die Kugel.

Kugel in Hellgrün und Weiß

ein herzlicher Frühlingsgruß

MOTIVDURCHMESSER
Blütenkugel ca. 13 cm
Blüte ca. 9,5 cm

MATERIAL
* Faltpapier in Weiß und Hellgrün
* Kartonrest mit Leinenstruktur in Gelb
* Buntstift in Orange

MODULE
* Kugel aus 12 x Nr. 7 in Hellgrün
* pro Blüte: 2 x Nr. 12 in Weiß, je 1 x Nr. 5 und Nr. 6 in Weiß

VORLAGE
Bogen 1A, 1B

1 Fügen Sie zwölf grüne Module zu einer Blütenkugel zusammen (siehe Umschlagklappe und Seite 2).

2 Die beiden kleineren Blütensterne und die beiden gleich großen weißen Blütensterne jeweils versetzt aufeinanderkleben.

3 Dann den kleinen auf den großen Blütenstern kleben. Für die Blütenmitte einen Kreis (ø 2 cm, Vorlagenbogen 1A) aus dem gelben Karton ausschneiden, dessen Rand mit orangefarbenem Buntstift nachziehen und die Innenfläche leicht mit dem Stift schattieren, sodass die Struktur deutlich wird. Anschließend kleben Sie die beiden Blütensterne aufeinander und bringen dann in der Mitte die Blütenmitte mit einem Klebekissen oder mit Klebstoff an. Auf die gleiche Art werden elf weitere Blüten gearbeitet.

4 Kleben Sie dann die Blüten mit Klebekissen auf die grüne Blütenkugel.

1 Strasssteine verleihen allen Blüten ein glamouröses Funkeln.

2 Durch das Falten der Blütenblätter erzielen Sie eine plastische Wirkung.

3 Blümchenmuster passen perfekt zu den Blüten.

Zarter Blütenschmuck

aus Transparentpapier

MOTIVDURCHMESSER
Blüte ca. 14 cm und 15,5 cm

MATERIAL
* Transparentpapier mit Blümchenmuster und in Hellgrün und Rosa (Set „Rosalie“)
* selbstklebende Strasssteine in Hellgrün oder Rosa, ø 8 mm

MODULE
* Blüten aus je 4 Blütensternen
* pro Blüte: je 1 x Nr. 6, 7 und 8 in Gemustert oder in Rosa, 1 x Nr. 4 und Nr. 15 oder 16 in Hellgrün

VORLAGE
Bogen 1A, 1B, 2B

1 Die drei unterschiedlich großen gemusterten oder rosafarbenen Blütensterne falten und versetzt aufeinanderkleben.

2 In die Blütenmitte den kleinsten Blütenstern in Hellgrün und darauf den Strassstein kleben. Diese Blüte abschließend auf den hellgrünen Blütenstern Nr. 15 oder 16 kleben.

Mein Tipp für Sie

Papiere kombinieren Mischen Sie doch mal Transparentpapier und opakes (nicht durchscheinendes) Faltpapier. Durch den Materialmix erzielen Sie wunderschöne Effekte.

Romantische Blütenkugel

ganz in Rosa

MOTIVDURCHMESSER
Blüte ca. 9,5 cm
Blütenkugel ca. 12 cm

MATERIAL
* Faltblätter in Rosa
* 12 selbstklebende Halbperlen in Rosa, ø 8 mm

MODULE
* Kugel aus 12 x Nr. 12 in Rosa
* pro Blüte: 1 x Nr. 11 und 2 x Nr. 20 in Rosa

VORLAGE
Bogen 1A, 1B

1 Kleben Sie die zwölf rosafarbenen Blütensterne Nr. 12 zu einer Blütenkugel zusammen (siehe Umschlagklappe und Seite 2). Bei dieser Blütenkugel werden die Blütenblätter nicht vollständig mit Klebstoff bestrichen, sondern Sie tragen nur einen Streifen Klebstoff knapp über der Faltlinie auf, sodass die Spitzen der Blütenblätter leicht aufgespreizt sind.

2 Auf den großen Blütenstern die beiden kleinen Blütensterne jeweils versetzt aufkleben, dann in der Blütenmitte eine Halbperle fixieren.

3 Kleben Sie danach die Blüten mit Klebekissen oder Klebstoff auf die Blütenkugel.

Zauberhafter Blütenkranz

ganz einfach gesteckt

MOTIVDURCH-MESSER
Blüte ca. 4,5 cm und 10 cm

MATERIAL
* Faltblätter in Weiß und Hellgrün
* Kartonrest mit Leinenstruktur in Weiß
* Styropor®-Flachring, ø 17 cm
* 12 Stecknadeln mit Metallkopf
* Buntstift in Hellgelb

MODULE
* Kranz mit 12 Blüten, davon 6 Blüten mit je 2 hellgrünen Blüten zusätzlich
* pro Blüte: 3 x Nr. 23 in Weiß und 2 x Nr. 11 in Hellgrün

VORLAGE
Bogen 1A, 1B

1 Die drei kleinen weißen Blütensterne sowie die zwei großen grünen Blütensterne jeweils versetzt aufeinanderkleben.

2 Dann den kleinen weißen auf den großen grünen Blütenstern kleben. Pro Blüte benötigen Sie eine Scheibe aus strukturiertem Karton (ø 9 mm, Vorlagenbogen 1A), die Sie mit hellgelbem Buntstift schattieren. Fixieren Sie dann die runde Kartonscheibe als Blütenmitte mit einem Klebekissen oder mit Klebstoff. Auf die gleiche Art werden elf weitere Blüten gearbeitet.

3 Es werden jeweils sechs weiße Blüten und sechs weiß-grüne Blüten benötigt.

4 Spießen Sie dann alle zwölf Blüten auf Stecknadeln auf. Anschließend zuerst die sechs grün-weißen Blüten in gleichmäßigen Abständen auf den Styropor®-Ring stecken, dann dazwischen noch jeweils eine weiße Blüte stecken.

Mein Tipp für Sie

Kranz gestalten Wenn Sie möchten, können Sie den Styropor®-Ring auch mit grüner Acrylfarbe bemalen.

Festliche Tischdeko

für die Familienfeier

MOTIVDURCHMESSER
Blüte ca. 9 cm

MATERIAL
* Karton mit Leinenstruktur in Weiß, 12 cm x 21 cm und 10,5 cm x 21 cm
* Faltblätter in Rot und Gelb
* selbstklebende Halbperlen in Rot, ø ca. 5 mm
* Kordel in Rot, ca. 30 cm lang
* Buntstift in Dunkelrot

MODULE
* Blüte aus vier Blütensternen
* Pro Blüte: 2 x F in Dunkelrot, 1 x E in Gelb und 1 x C in Dunkelrot

VORLAGE
Bogen 2A

1 Ziehen Sie die Ränder der beiden großen roten Blütensterne mit dunkelrotem Buntstift nach. Dann die Blütenblätter in der Mitte längs falten und beide Blüten versetzt aufeinanderkleben.

2 Die Blütenblätter der gelben Blüte über eine Stricknadel ziehen, sodass sie sich leicht nach innen rollen, dann versetzt auf die rote Blüte kleben. In die Mitte kleben Sie anschließend den kleinen roten Blütenstern und die Halbperle.

3 Für die Tischkarte den weißen Karton mit der strukturierten Seite nach außen in der Mitte zu einer Doppelkarte (12 cm x 10,5 cm) falten. Einen 1,7 cm breiten gelben Papierstreifen senkrecht beschriften und dann zurechtschneiden. Wer mag, rundet noch die Ecken des Papierstreifens mit der Schere ab.

4 Jetzt können Sie probeweise die Blüte und den beschrifteten Papierstreifen auf die Doppelkarte legen. Passt alles, den Papierstreifen aufkleben und die Blüte mit einem Klebekissen fixieren.

5 Für die kleine Karte aus dem zweiten Kartonrechteck (10,5 cm x 21 cm) eine quadratische Doppelkarte falten. Nun die vier Ecken abschneiden, sodass ein Achteck entsteht. Die vier langen Randseiten können Sie noch mit 5 mm breiten gelben Papierstreifen bekleben. Dann die Doppelkarte an der Falzseite neben dem gelben Randstreifen mittig mit der Lochzange lochen, die Kordel durchziehen und verknoten.

ALISA

Elegante Blütenkugel

mit filigranen Blättern

MOTIVDURCHMESSER
Blüte ca. 7,5 cm
Blütenkugel ca. 11 cm

MATERIAL
* Faltblätter in Gelb, Hellgelb und Dunkelgrün
* 12 selbstklebende Strasssteine in Gelb, ø 8 mm

MODULE
* Kugel aus 12 x Nr. 11 in Dunkelgrün
* pro Blüte: 2 x Nr. 23 in Gelb und 1 x Nr. 20 in Hellgelb

VORLAGE
Bogen 1A, 1B

1 Kleben Sie die zwölf dunkelgrünen Module zu einer Blütenkugel zusammen (siehe Umschlagklappe und Seite 2). Allerdings werden hier die Blütenblätter nicht flächig aufeinandergeklebt, sondern nur mit einem Klebstoffstreifen knapp oberhalb der Faltlinien zusammengeklebt. Dadurch können die leicht auseinandergespreizten Blütenblätter später, nachdem die gelben Blüten angebracht sind, über eine Stricknadel oder einen runden Stift gezogen werden, damit sie sich nach innen leicht einrollen.

2 Kleben Sie die beiden größeren gelben Blütensterne versetzt aufeinander, darauf dann den kleineren, hellgelben Blütenstern kleben und in der Blütenmitte den Strassstein fixieren. Auf die gleiche Art weitere elf Blüten anfertigen. Die Blüten entweder mit Klebekissen oder mit Klebstoff an der grünen Blütenkugel befestigen.

Mein Tipp für Sie

Hochzeitsgeschenk Ganz in Weiß eignet sich diese Kugel wunderbar als romantisches Geschenk zu einer Hochzeit.

Traum in Pastell

Schmuck für Tür, Wand oder Tisch

MOTIVDURCHMESSER
ø Blüte ca. 7 cm
ø Kranz ca. 21 cm

MATERIAL
* Faltpapier in Hellgrün, Lila und Gemustert (Set „Rosalie“)
* Fotokarton in Hellgrün, 20 cm x 20 cm
* 6 Brads in Lila und/oder Hellgrün, ø 8 oder 10 mm

MODULE
* Kranz aus sechs Blüten
* pro Blüte: je 2 x Nr. 6 gemustert oder je 1 x gemustert und uni, je 1 x in Hellgrün und je 2 x Nr. 20, 2 x uni oder 1 x gemustert und 1 x uni

VORLAGE
Bogen 1A, 1B

1 Lochen Sie die beiden großen und kleinen Blütensterne in der Mitte mit der Lochzange, ø 4 oder 5 mm. Bei jedem Blütenstern die fünf Blütenblätter an der gestrichelten Linie nach oben falten, dann die Blütenblattspitzen zusammendrücken, sodass an jedem Blütenblatt eine Längsfalte entsteht.

2 Legen Sie die Blütensterne versetzt aufeinander und verbinden Sie sie mit einem Brad. Wichtig: Die durchgesteckten Enden des Brads noch nicht auseinanderspreizen!

3 Nun fertigen Sie den Blätterkranz an. Falls Sie keinen hellgrünen Karton zur Hand haben, bekleben Sie einen beliebigen Karton mit hellgrünen Faltblättern. Schneiden Sie die kopierte oder abgepauste Vorlage des Blätterkranzes grob aus und legen Sie sie auf den Karton. Dann die Fotokopie mit drei oder vier Tackerklammern außerhalb des Blätterkranzes auf dem Karton fixieren.

4 Nun können Sie den Blätterkranz mit dem Cutter auf einer Schneideunterlage ausschneiden. Beginnen Sie mit den Innenflächen, die Stellen direkt neben den Tackerklammern schneiden Sie ganz zum Schluss aus. Die sechs Löcher im Kranz mit der Lochzange ausstanzen.

5 Nun können Sie die Brads der vorbereiteten Blüten in je ein Loch stecken. Auf der Rückseite biegen Sie die Enden der Brads auseinander.

Ganz in Weiß

von schlichter Eleganz

MOTIVDURCHMESSER
Blütenkugel ca. 9 cm
Blüte ca. 4,5 cm

MATERIAL
* Kopierpapier in Weiß
* Kartonrest mit Leinenstruktur in Weiß
* Styropor®-Kugel, ø 6 cm
* 12 Stecknadeln mit Metallkopf
* Buntstift in Hellgelb

MODULE
* Kugel mit 12 Blüten
* pro Blüte: 3 x Nr. 23

VORLAGE
Bogen 1A

1 Sie benötigen insgesamt zwölf Blüten, diese bestehen aus drei weißen Blüten, die Sie versetzt aufeinanderkleben, nachdem vorher die einzelnen Blütenblätter an den gestrichelten Linien nach oben gefaltet wurden. Pro Blüte benötigen Sie eine Scheibe aus strukturiertem Karton (ø 9 mm, Vorlagenbogen 1A), die Sie mit hellgelbem Buntstift schattieren und in die Blütenmitte kleben.

2 Stecken Sie eine Stecknadel durch die Blütenmitte. Auf die gleiche Art arbeiten Sie insgesamt zwölf Blüten.

3 Schneiden Sie zwölf weitere Blüten aus und stecken Sie in deren Mitte jeweils eine Stecknadel. Dann stecken Sie die zwölf Blüten auf der Styropor®-Kugel gleichmäßig verteilt ein.

4 Nun nehmen Sie eine der Blüten ab und ersetzen sie durch eine zusammengefügte Blüte. Danach der Reihe nach die anderen Blüten abnehmen und durch die zusammengefügten Blüten ersetzen.

Mein Tipp für Sie

Stecknadeln schmücken Wenn Sie möchten, können Sie auf die Stecknadeln vor dem Aufstecken der Blüten auch noch eine dekorative Perle oder eine Paillette aufnehmen.

Grüße vom Lande

mit Kornblumen

MOTIVDURCHMESSER
Blüte ca. 7 cm
Kranz ca. 22 cm

MATERIAL
* Faltblätter in Dunkelblau und Gelb
* 5 Bogen Ton- oder Kopierpapier in Hellgrün, A4
* selbstklebende Strasssteine in Blau, ø 5 mm
* flacher Styropor®-Ring, ø außen ca. 22 cm

MODULE
* Kranz aus 16 Blüten
* pro Blüte: 2 x H in Dunkelblau und 1 x D in Gelb

VORLAGE
Bogen 2A, 2B

1 Schneiden Sie zuerst die Blattteile zu. Dazu einen Bogen grünes Papier (A4) in der Mitte falten (ergibt A5) und dann nochmals falten (ergibt A6). Darauf legen Sie eine grob ausgeschnittene Kopie des Blattteils und befestigen diese außerhalb des Motivs mit zwei Tackerklammern. Dann die Konturen und Einschnitte mit dem Cutter auf einer Schneideunterlage nachschneiden. Alternativ können Sie von der Vorlage eine Schablone anfertigen und diese auf das gefaltete Kopierpapier legen. Dann ziehen Sie den Umriss mit Bleistift nach und schneiden das Motiv mit der Schere oder dem Cutter aus. Insgesamt werden 18 dieser grünen Blattteile benötigt.

2 Anschließend können Sie die Blattteile mit weißem Bastelkleber auf den Styropor®-Ring kleben (verwenden Sie keinen anderen Klebstoff, da das Styropor® angegriffen werden könnte). Streichen Sie dazu die eingeschnittenen Bereiche des Blattteils mit Klebstoff ein und kleben Sie sie so um den Ring, dass sich die seitlichen Einschnitte auf der flachen Ringunterseite überlappen. Das nächste Blattteil überlappt etwa ein Drittel des ersten Blattteils, also die Einschnitte. Beim letzten Blattteil, das Sie unter das erste Blattteil schieben, schneiden Sie 2 cm ab, damit es kürzer ist und sich leichter unterschieben lässt.

3 Für die Blüten jeweils zwei blaue Blütensterne versetzt aufeinanderkleben. Beim gelben Innenstern klappen Sie die Blütenblätter nach innen um und ziehen sie über einen runden Gegenstand (z. B. Stricknadel), sodass sie sich leicht einrollen. Abschließend noch den blauen Strassstein in die Mitte kleben. Auf diese Art fertigen Sie 16 Blüten.

4 Abschließend die Blüten mit Klebekissen auf dem Kranz anordnen und festkleben.

Mit Brads verzierte Blüten wirken sehr hochwertig und dekorativ.

Es sieht immer toll aus, wenn Sie uni und gemusterte Papiere miteinander kombinieren.

Durch das Falten der Blütenblätter und das Einrollen erzielen Sie dreidimensionale Effekte.

Dekorative Blütenkette

in frecher Farbkombination

MOTIVDURCHMESSER

Blüte ca. 9,5 cm bzw. 15 cm

MATERIAL

* Faltpapiere in Rot mit weißen Punkten, in Rot und mit Blümchen (Set „Jasmin“)
* Brads in Rot oder Weiß, ø 8 mm
* Stoffband in Rot, 6 mm breit, 80 cm lang

MODULE

* pro Blüte: 1 x Nr. 7, 17, 22 und ggf. Nr. 14

VORLAGE

Bogen 1A, 1B, 2B

1 Lochen Sie alle Blütensterne in der Mitte mit der Lochzange (ø 4 oder 5 mm). Bei jedem Blütenstern falten Sie die fünf Blütenblätter an der gestrichelten Linie nach oben.

2 Beim großen Blütenstern drücken Sie die Blütenblattspitzen zusätzlich zusammen, sodass an jedem Blütenblatt eine Längsfalte entsteht. Beim kleinsten Blütenstern die Blütenblätter jeweils über eine Stricknadel ziehen, sodass sie sich nach innen einrollen.

3 Legen Sie dann die Blütensterne versetzt aufeinander und stecken Sie ein Brad in das Loch. Die durchgesteckten Enden der Brads auseinanderspreizen, das Stoffband auf die gespreizten Enden legen und diese dann um das Stoffband biegen und andrücken.

Mein Tipp für Sie

Geschenkverpackung Eine einzelne Blüte macht sich auch toll als Blickfang auf einem Geschenkpäckchen.

Luftig-leichter Blumenstrauß

aus transparenten Blüten

MOTIVDURCHMESSER
Blüte ca. 11,5 cm

MATERIAL
JE BLÜTE

* Extrastarkes Transparentpapier in Grün, Orange, Rot mit weißen Punkten und mit Blümchen (Set „Jasmin")
* selbstklebende Strasssteine in Rot, Gelb oder Grün, ø 8 mm
* Wattekugel mit Loch, ø 1 cm
* Rundholzstab, ø 3 mm, 30 cm lang
* Acrylfarbe in Grün
* Schwämmchen
* Einmalhandschuhe

MODULE

* pro Blüte: je 1 x Nr. 13 und 19 sowie 21 oder 24

VORLAGE
Bogen 1A, 1B

1 Jede Blüte besteht aus drei unterschiedlichen Blütensternen in verschiedenen Farbkombinationen, wobei der unterste und der oberste Blütenstern immer dieselbe Farbe haben. Beim mittleren und obersten Blütenstern werden die Blütenblätter nach oben gefaltet.

2 Kleben Sie die drei Blütensterne versetzt oder deckungsgleich aufeinander und fixieren Sie einen Strassstein in die Mitte.

3 Nun werden die Blumenstiele hergestellt. Dazu eine Wattekugel auf ein Rundholzstäbchen stecken und auf einer Schneideunterlage mit dem Cutter oben eine Scheibe abschneiden, sodass eine Auflagefläche für die Blüte entsteht.

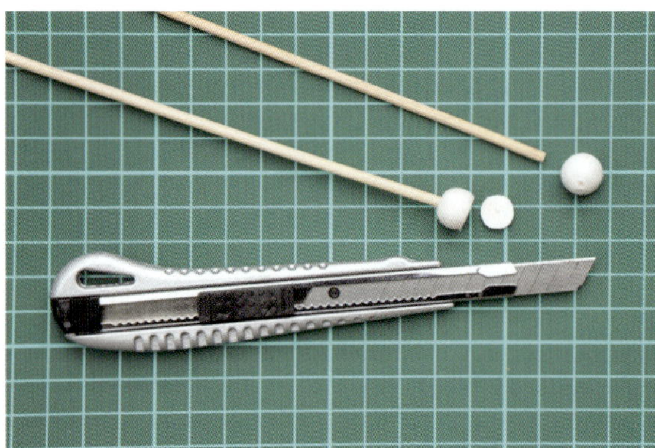

4 Das Stäbchen und die Wattekugel bis auf die Auflagefläche mit dem Schwämmchen und der Farbe grün einfärben. Dazu am besten Einmalhandschuhe anziehen. Nachdem die Farbe trocken ist, die Blüte auf die Auflagefläche kleben.

Von Herzen alles Liebe

ideal zur Hochzeit

MOTIVDURCHMESSER
Blüte ca. 5 cm
Herz ca. 23 cm

MATERIAL
* Kopierpapier oder Faltblätter in Weiß und Rosa
* 12 Halbperlen in Rosa, ø 8 mm
* Styropor®-Herz, ø ca. 20 cm

MATERIAL
* Kranz aus zwölf Blüten
* Pro Blüte: 2 x B in Weiß und 2 x A in Rosa

VORLAGE
Bogen 2A, 2B

1 Schneiden Sie pro Blüte zwei weiße und zwei rosa Blütensterne aus und kleben Sie jeweils die beiden gleichfarbigen Blüten versetzt aufeinander. Dann die rosa Blüte auf die weiße Blüte kleben und in der Blütenmitte eine Halbperle anbringen.

2 Fertigen Sie vom Blattteil eine Schablone an. Vom weißen Kopierpapier einen Streifen (6 cm x 18 cm) abschneiden und diesen Streifen zuerst in der Mitte falten. Das entstandene Rechteck (6 cm x 9 cm) nochmals in der Mitte falten, sodass es 6 cm x 4,5 cm misst. Darauf die Schablone legen und den Umriss mit Bleistift nachziehen. Evtl. die Lagen Papier außerhalb des Motivs mit Tackerklammern zusammenhalten, dann die vier weißen Blätter ausschneiden. Für das Herz benötigen Sie insgesamt ca. fünfzig dieser Blätter. Die Blätter fixieren Sie mit Klebekissen auf dem Styropor®-Herz.

3 Nun die zwölf Blüten ebenfalls mit Klebekissen in regelmäßigen Abständen auf dem Herz anordnen.

Festlich in Rot und Grün

schön in der Weihnachtszeit

MOTIVDURCHMESSER
ø Blüte ca. 9,5 cm
ø Blütenkugel ca. 12 cm

MATERIAL
* Faltblätter in Dunkelgrün und Dunkelrot
* 12 selbstklebende Halbperlen in Rot, ø 8 mm

MODULE
* Kugel aus 12 x Nr. 2 in Dunkelgrün
* pro Blüte: 1 x Nr. 11 und 2 x Nr. 20 in Rot

VORLAGE
Bogen 1A, 1B

1 Fügen Sie zwölf dunkelgrüne Module zu einer Blütenkugel zusammen (siehe Umschlagklappe und Seite 2).

2 Auf einen großen roten Blütenstern kleben Sie die beiden kleinen Blütensterne jeweils versetzt auf und bringen in der Blütenmitte eine Halbperle an. Auf diese Art stellen Sie insgesamt zwölf Blüten her.

3 Die fertigen Blüten fixieren Sie mit Klebekissen oder Klebstoff an der Blütenkugel.

Mein Tipp für Sie

Einzelblüten dekorieren Einzelne rote Blüten, die Sie auf das grüne Modul kleben, geben einen wunderschönen Schmuck für Ihre weihnachtliche Festtafel ab. Passend dazu können Sie auch Tisch- und Menükarten gestalten.

Armin Täubner lebt mit seiner Familie auf der Schwäbischen Alb und ist seit über 25 Jahren erfolgreich als ungemein vielseitiger Autor für den frechverlag tätig. Eigentlich ist er Lehrer für Englisch, Biologie und Bildende Kunst. Durch seine Frau, die unter ihrem Mädchennamen Inge Walz noch heute Bücher zu den verschiedensten Techniken im frechverlag veröffentlicht, kam der Allrounder zum Büchermachen. Zweifelsohne ein Glücksfall für die kreative Welt! Es gibt fast kein Material, das Armin Täubners Fantasie nicht beflügelt, und kaum eine Technik, die er sich nicht innerhalb kürzester Zeit angeeignet hat. Sein liebstes Material ist und bleibt aber Papier.

DANKE!

Wir danken den Firmen Rayher, Laupheim, Ludwig Bähr, Kassel und Heyda, Heilbronn, für die Bereitstellung von Materialien.

TOPP – Unsere Servicegarantie

WIR SIND FÜR SIE DA! Bei Fragen zu unserem umfangreichen Programm oder Anregungen freuen wir uns über Ihren Anruf oder Ihre Post. Loben Sie uns, aber scheuen Sie sich auch nicht, Ihre Kritik mitzuteilen – sie hilft uns, ständig besser zu werden.

Bei Fragen zu einzelnen Materialien oder Techniken wenden Sie sich bitte an unseren Kreativservice, Frau Erika Noll.

mail@kreativ-service.info
Telefon 0 50 52 / 91 18 58

Das Produktmanagement erreichen Sie unter:

pm@frechverlag.de
oder:
frechverlag
Produktmanagement
Turbinenstraße 7
70499 Stuttgart
Telefon 07 11 / 8 30 86 68

LERNEN SIE UNS BESSER KENNEN! Fragen Sie Ihren Hobbyfach- oder Buchhändler nach unserem kostenlosen Kreativmagazin **Meine kreative Welt.** Darin entdecken Sie die neuesten Kreativtrends und interessantesten Buchneuheiten.

Oder besuchen Sie uns im Internet! Unter **www.topp-kreativ.de** können Sie sich über unser umfangreiches Buchprogramm informieren, unsere Autoren kennenlernen sowie aktuelle Highlights und neue Kreativtechniken entdecken, kurz – die ganze Welt der Kreativität.

Kreativ immer up to date sind Sie mit unserem monatlichen **Newsletter** mit den aktuellsten News aus dem frechverlag, Gratis-Bastelanleitungen und attraktiven Gewinnspielen.

IMPRESSUM

FOTOS: Armin Täubner (Arbeitsschrittfotos, Seite 32 und Vorlagenzeichnungen); lichtpunkt, Michael Ruder, Stuttgart (alle übrigen)

PRODUKTMANAGEMENT UND LEKTORAT: Claudia Mack

GESTALTUNG: Sophia Höpfner

DRUCK: frechdruck GmbH, 70499 Stuttgart PRINTED IN GERMANY

Auflage: 5. 4. 3. 2. 1.
Jahr: 2017 2016 2015 2014 2013 [Letzte Zahlen maßgebend]

ISBN 978-3-7724-4019-9 • Best.-Nr. 4019